Recipes
from mom's kitchen

From mom's kitchen

Recipe: _____

Ingredients:

Directions:

Notes:

From mom's kitchen

Recipe: _____

Ingredients: Directions:

Notes:

From mom's kitchen

Recipe: _____

Ingredients: | Directions:

From mom's kitchen

Recipe: _____

Ingredients:

Directions:

Notes:

From mom's kitchen

Recipe: _____

Ingredients:

Directions:

Notes:

From mom's kitchen

Recipe: _____

Ingredients:

Directions:

_____ _____
_____ _____
_____ _____
_____ _____
_____ _____
_____ _____
_____ _____
_____ _____
_____ _____
_____ _____
_____ _____
_____ _____
_____ _____
_____ _____
_____ _____
_____ _____
_____ _____

Notes:

_____
_____

From mom's kitchen

Recipe: _____

Ingredients:

Directions:

Notes:

From mom's kitchen

Recipe: _____

Ingredients:

Directions:

Notes:

From mom's kitchen

Recipe: _____

Ingredients:

Directions:

Notes:

From mom's kitchen

Recipe: _____

Ingredients:

Directions:

Notes:

From mom's kitchen

Recipe: _____

Ingredients:

Directions:

Notes:

From mom's kitchen

Recipe: _____

Ingredients:

_____
_____
_____
_____
_____
_____
_____
_____
_____
_____
_____
_____
_____
_____
_____
_____
_____

Directions:

_____
_____
_____
_____
_____
_____
_____
_____
_____
_____
_____
_____
_____
_____
_____
_____
_____

Notes:

_____
_____

From mom's kitchen

Recipe: _____

Ingredients:

Directions:

Notes:

From mom's kitchen

Recipe: _____

Ingredients:

_____
_____
_____
_____
_____
_____
_____
_____
_____
_____
_____
_____
_____
_____
_____
_____
_____
_____

Directions:

_____
_____
_____
_____
_____
_____
_____
_____
_____
_____
_____
_____
_____
_____
_____
_____
_____
_____

Notes:

_____
_____

From mom's kitchen

Recipe: _____

Ingredients:

Directions:

Notes:

From mom's kitchen

Recipe: _____

Ingredients:

Directions:

Notes:

From mom's kitchen

Recipe: ....

Ingredients:

Directions:

Notes:

From mom's kitchen

Recipe: _____

Ingredients:

Directions:

Notes:

From mom's kitchen

Recipe: _____

Ingredients: Directions:

_____   _____
_____   _____
_____   _____
_____   _____
_____   _____
_____   _____
_____   _____
_____   _____
_____   _____
_____   _____
_____   _____
_____   _____
_____   _____
_____   _____

Notes:
_____
_____

From mom's kitchen

Recipe: _____

Ingredients:

Directions:

Notes:

From mom's kitchen

Recipe: _____

Ingredients: Directions:

_____   _____
_____   _____
_____   _____
_____   _____
_____   _____
_____   _____
_____   _____
_____   _____
_____   _____
_____   _____
_____   _____
_____   _____
_____   _____
_____   _____
_____   _____
_____   _____
_____   _____

Notes:
_____
_____

From mom's kitchen

Recipe: ....

Ingredients:

Directions:

Notes:

From mom's kitchen

Recipe: _____

Ingredients:

Directions:

Notes:

From mom's kitchen

Recipe: _____

Ingredients:

Directions:

Notes:

From mom's kitchen

Recipe: _____

Ingredients:

Directions:

Notes:

From mom's kitchen

Recipe: _____

Ingredients:

Directions:

Notes:

From mom's kitchen

Recipe: _____

Ingredients:

Directions:

Notes:

From mom's kitchen

Recipe: ....

Ingredients:

Directions:

Notes:

From mom's kitchen

Recipe: _____

Ingredients:

Directions:

Notes:

From mom's kitchen

Recipe: _____

Ingredients:

Directions:

Notes:

From mom's kitchen

Recipe: _____

Ingredients:

Directions:

Notes:

From mom's kitchen

Recipe: _____

Ingredients:

Directions:

Notes:

From mom's kitchen

Recipe: _____

Ingredients:

Directions:

Notes:

From mom's kitchen

Recipe: _____

Ingredients: Directions:

_____   _____
_____   _____
_____   _____
_____   _____
_____   _____
_____   _____
_____   _____
_____   _____
_____   _____
_____   _____
_____   _____
_____   _____
_____   _____
_____   _____
_____   _____
_____   _____
_____   _____
_____   _____

Notes:

_____
_____

From mom's kitchen

Recipe: _____

Ingredients:

Directions:

_____
_____
_____
_____
_____
_____
_____
_____
_____
_____
_____
_____
_____
_____

Notes:
_____
_____

From mom's kitchen

Recipe: _____

Ingredients:

Directions:

Notes:

From mom's kitchen

Recipe: _____

Ingredients:

Directions:

Notes:

From mom's kitchen

Recipe: _____

Ingredients:

Directions:

Notes:

From mom's kitchen

Recipe: _____

Ingredients:

Directions:

Notes:

From mom's kitchen

Recipe: _____

Ingredients:

Directions:

_____
_____
_____
_____
_____
_____
_____
_____
_____
_____
_____
_____
_____
_____
_____
_____

Notes:

_____
_____

From mom's kitchen

Recipe: _____

Ingredients: Directions:

Notes:

From mom's kitchen

Recipe: _____

Ingredients:

Directions:

Notes:

From mom's kitchen

Recipe: _____

Ingredients:

Directions:

Notes:

From mom's kitchen

Recipe: _____

Ingredients:

Directions:

Notes:

From mom's kitchen

Recipe: _____

Ingredients: _____   Directions: _____

Notes:

From mom's kitchen

Recipe: _____

Ingredients:

Directions:

Notes:

From mom's kitchen

Recipe: _____

Ingredients:

Directions:

Notes:

From mom's kitchen

Recipe: _____

Ingredients:

Directions:

Notes:

From mom's kitchen

Recipe: _____

Ingredients:

Directions:

Notes:

From mom's kitchen

Recipe: _____

Ingredients:

_____
_____
_____
_____
_____
_____
_____
_____
_____
_____
_____
_____
_____
_____
_____
_____
_____
_____
_____

Directions:

_____
_____
_____
_____
_____
_____
_____
_____
_____
_____
_____
_____
_____
_____
_____
_____
_____
_____
_____

Notes:

_____
_____

From mom's kitchen

Recipe: _____

Ingredients: | Directions:

Notes:

From mom's kitchen

Recipe: _____

Ingredients:

Directions:

Notes:

From mom's kitchen

Recipe: _____

Ingredients:

Directions:

Notes:

From mom's kitchen

Recipe: _____

Ingredients:

Directions:

Notes:

From mom's kitchen

Recipe: _____

Ingredients:

Directions:

Notes:

From mom's kitchen

Recipe: _____

Ingredients: Directions:

_____   _____
_____   _____
_____   _____
_____   _____
_____   _____
_____   _____
_____   _____
_____   _____
_____   _____
_____   _____
_____   _____
_____   _____
_____   _____
_____   _____
_____   _____
_____   _____
_____   _____

Notes:

_____
_____

From mom's kitchen

Recipe: _____

Ingredients:

Directions:

Notes:

From mom's kitchen

Recipe: _____

Ingredients:

Directions:

Notes:

From mom's kitchen

Recipe: _____

Ingredients: | Directions:

Notes:

From mom's kitchen

Recipe: _____

Ingredients: Directions:

_____   _____
_____   _____
_____   _____
_____   _____
_____   _____
_____   _____
_____   _____
_____   _____
_____   _____
_____   _____
_____   _____
_____   _____
_____   _____
_____   _____
_____   _____
_____   _____
_____   _____
_____   _____

Notes:
_____
_____

From mom's kitchen

Recipe: _____

Ingredients: *Directions:*

Notes:

From mom's kitchen

Recipe: _____

Ingredients:

Directions:

Notes:

From mom's kitchen

Recipe: _____

Ingredients: _____

Directions: _____

Notes:

From mom's kitchen

Recipe: _____

Ingredients:

Directions:

Notes:

From mom's kitchen

Recipe: _____

Ingredients:

Directions:

Notes:

From mom's kitchen

Recipe: _____

Ingredients:

Directions:

Notes:

From mom's kitchen

Recipe: _____

Ingredients:

Directions:

Notes:

From mom's kitchen

Recipe: _____

Ingredients: Directions:

_____   _____
_____   _____
_____   _____
_____   _____
_____   _____
_____   _____
_____   _____
_____   _____
_____   _____
_____   _____
_____   _____
_____   _____
_____   _____
_____   _____
_____   _____
_____   _____
_____   _____
_____   _____

Notes:
_____
_____

From mom's kitchen

Recipe: _____

Ingredients: Directions:

_____   _____
_____   _____
_____   _____
_____   _____
_____   _____
_____   _____
_____   _____
_____   _____
_____   _____
_____   _____
_____   _____
_____   _____
_____   _____
_____   _____
_____   _____
_____   _____
_____   _____

Notes:
_____
_____

From mom's kitchen

Recipe: _____

Ingredients:

Directions:

Notes:

From mom's kitchen

Recipe: _____

Ingredients:

Directions:

Notes:

From mom's kitchen

Recipe: _____

Ingredients:

Directions:

Notes:

From mom's kitchen

Recipe: _____

Ingredients:

Directions:

_____ _____
_____ _____
_____ _____
_____ _____
_____ _____
_____ _____
_____ _____
_____ _____
_____ _____
_____ _____
_____ _____
_____ _____
_____ _____

Notes:

_____
_____

From mom's kitchen

Recipe: _____

Ingredients:

Directions:

Notes:

From mom's kitchen

Recipe: _____

Ingredients: Directions:

_____   _____
_____   _____
_____   _____
_____   _____
_____   _____
_____   _____
_____   _____
_____   _____
_____   _____
_____   _____
_____   _____
_____   _____
_____   _____
_____   _____
_____   _____
_____   _____

Notes:

_____
_____

From mom's kitchen

Recipe: _____

Ingredients: Directions:

Notes:

From mom's kitchen

Recipe: _____

Ingredients:

Directions:

Notes:

From mom's kitchen

Recipe: _____

Ingredients:

Directions:

_____   _____
_____   _____
_____   _____
_____   _____
_____   _____
_____   _____
_____   _____
_____   _____
_____   _____
_____   _____
_____   _____
_____   _____
_____   _____

Notes:

_____
_____

From mom's kitchen

Recipe: _____

Ingredients: Directions:

_____   _____
_____   _____
_____   _____
_____   _____
_____   _____
_____   _____
_____   _____
_____   _____
_____   _____
_____   _____
_____   _____
_____   _____
_____   _____
_____   _____
_____   _____
_____   _____

Notes:
_____
_____

From mom's kitchen

Recipe: _____

Ingredients:

Directions:

Notes:

From mom's kitchen

Recipe: _____

Ingredients:

Directions:

Notes:

From mom's kitchen

Recipe: ....

Ingredients:

Directions:

Notes:

From mom's kitchen

Recipe: _____

Ingredients: _____

Directions: _____

Notes: _____

From mom's kitchen

Recipe: _____

Ingredients:

Directions:

Notes:

From mom's kitchen

Recipe: _____

Ingredients:

Directions:

Notes:

From mom's kitchen

Recipe: _____

Ingredients:

Directions:

Notes:

From mom's kitchen

Recipe: _____

Ingredients:

Directions:

Notes:

From mom's kitchen

Recipe: _____

Ingredients:

Directions:

Notes:

From mom's kitchen

Recipe: _____

Ingredients:

Directions:

Notes:

From mom's kitchen

Recipe: _____

Ingredients:

Directions:

Notes:

From mom's kitchen

Recipe: _____

Ingredients: Directions:

Notes:

From mom's kitchen

Recipe: _____

Ingredients:

Directions:

Notes:

From mom's kitchen

Recipe: _____

Ingredients:

_____
_____
_____
_____
_____
_____
_____
_____
_____
_____
_____
_____
_____

Directions:

_____
_____
_____
_____
_____
_____
_____
_____
_____
_____
_____
_____
_____
_____

Notes:

_____
_____

From mom's kitchen

Recipe: _____

Ingredients:

Directions:

Notes:

From mom's kitchen

Recipe: _____

Ingredients:

Directions:

_____
_____
_____
_____
_____
_____
_____
_____
_____
_____
_____
_____
_____
_____

_____
_____
_____
_____
_____
_____
_____
_____
_____
_____
_____
_____
_____
_____
_____
_____
_____
_____
_____
_____

Notes:
_____
_____

From mom's kitchen

Recipe: _____

Ingredients: Directions:

Notes:

From mom's kitchen

Recipe: _____

Ingredients:

Directions:

Notes:

From mom's kitchen

Recipe: _____

Ingredients:

Directions:

Notes:

From mom's kitchen

Recipe: _____

Ingredients:

Directions:

Notes: